I0077060

M. le Conseiller Delsaux.

PLAIDOYER

Prononcé le 9 janvier 1823, devant la Cour Royale de Douai, (audience solennelle des deux chambres civiles), par M. le Baron Blanquart de Bailleul, Procureur-Général,

Contre

L'éditeur du journal intitulé l'Echo du Nord poursuivi en vertu de la loi du 17 mars 1822.

PLAIDOYER

De M. le Baron

'BLANQUART DE BAILLEUL,

PROCUREUR - GÉNÉRAL

PRÈS LA COUR ROYALE DE DOUAI.

~~~~~~~~~~

Messieurs ,

Avant d'entrer dans l'examen des articles de l'*Echo du Nord*, qu'en vertu de la loi du 17 mars dernier , nous poursuivons devant vous , nous croyons indispensable de présenter quelques considérations générales sur les droits et sur les devoirs de ce que , sous notre Gouvernement, l'on appelle *opposition*. Nous verrons ensuite quel est l'esprit et le but de la loi que nous invoquons aujourd'hui contre l'*Echo du Nord*.

L'on a dit que l'*opposition* était de l'essence du gouvernement représen- tatif. Si l'on a voulu parler du *droit* , l'on a eu raison : dans tout gouverne- ment où la contradiction est interdite , et le silence un devoir , il y a des- potisme. Si l'on a voulu parler de l'exercice de ce droit, l'on a été trop loin : notre Gouvernement ne serait pas détruit le jour où tous les esprits seraient d'accord ; mais cet accord unanime étant impossible, on peut assurer d'avance qu'il y aura toujours une *opposition* plus ou moins prononcée ; d'où l'on peut conclure qu'elle est inhérente au Gouvernement que nous avons.

L'opposition est donc légitime et cela suffit ; mais quand nous disons qu'elle est légitime , nous ne disons pas qu'elle est toujours juste. Il en est de l'opposition comme des guerres entre les peuples , où souvent l'agresseur , en usant de son droit d'attaquer , attaque injustement. Mais de même que celui-ci , au milieu de son injuste agression , doit encore observer le droit des gens , sous peine de n'être qu'un barbare , de même l'opposition , qu'elle ait raison ou tort , doit , sous peine d'être coupable , respecter ce qui est sacré pour tous.

L'opposition a donc des limites qu'elle ne saurait franchir , sans devenir criminelle. Mais quelles sont ces limites ? La raison , l'ordre public et les lois , d'accord avec l'ordre public et la raison , les ont tracées.

L'opposition a , comme une sorte de domaine , la censure de la marche de ceux qui conduisent les affaires ; de leurs fautes par omissions , comme de leurs fautes positives : par conséquent , des abus qu'ils tolèrent , comme de ceux qu'ils introduisent ; des injustices qu'ils ne préviennent ni ne réparent , comme de celles qu'ils commettent ; du bien qu'ils ne font pas , comme du mal qu'ils font ou qu'ils laissent faire. L'opposition a le droit de signaler leurs infractions aux lois , leur incurie , leur inhabileté , leur imprévoyance. Voilà le champ , le vaste champ dans lequel le zèle de l'opposition peut s'exercer. Non-seulement alors elle est légitime , mais encore , si elle est juste , elle sert le Monarque qu'elle éclaire , et les peuples , qui jugent le mérite des dépositaires de l'autorité , et dont l'opinion ou les vœux pesant de tout leur poids pour ou contre l'opposition , éloignent ou maintiennent les hommes qui sont au timon des affaires.

Telle doit être l'opposition ; mais malheureusement il ne paraît pas , jusqu'à présent , qu'on l'ait ainsi comprise parmi nous.

Vous venez d'entendre , Messieurs , quels sont les droits de l'opposition , nous allons dire quels sont ses devoirs.

Déjà l'on nous accorde. que de légitime qu'elle est dans son principe , l'opposition peut devenir criminelle.

Elle le devient , en effet , si elle porte atteinte à la paix publique , et si par la forme de ses attaques, elle excite à la haine ou au mépris du gouvernement du Roi : elle a le droit de s'adresser à l'opinion pour l'éclairer , mais non pour l'irriter ; elle a le droit de convaincre , mais non de soulever les esprits ou les masses, et d'arracher par la violence, ce qu'elle ne doit obtenir que de la persuasion. Ainsi , ce Député qui , du haut de la tribune , en appelait à l'énergie du peuple, n'était plus un membre de l'opposition ; il était un factieux : il poussait le peuple à la révolte.

En général , l'opposition devient criminelle, *lorsqu'elle trouble ou veut troubler la paix publique, et lorsque, sous quelque forme que ce soit , directement ou indirectement , elle attaque les principes constitutifs du Gouvernement ou les lois fondamentales qu'elle même serait dans l'obligation de maintenir et de défendre , s'il arrivait qu'elle parvînt à l'administration du Royaume.*

La première de ces lois, et la plus sacrée , parce qu'elle est la plus salutaire , c'est la loi par laquelle règne le Monarque : c'est la *légitimité*, qui n'est pas seulement une loi , mais un principe de vie , de stabilité , de bonheur qu'on ne peut attaquer de loin ou de près , sans frapper au cœur la société toute entière. L'opposition n'en doit donc parler qu'avec le plus profond respect, ainsi que de la personne du Roi, ainsi que de son auguste famille. Couvert comme d'un large bouclier par cette inviolabilité que la raison publique avait consacrée , avant même qu'un affreux parricide eut fait sentir au législateur le besoin de la sanctionner , le Prince doit encore être environné de nos hommages et de notre amour. Placé , dans une sphère supérieure , au dessus de toutes les ambitions qui s'agitent à ses pieds , il ne veut , il ne peut vouloir que le bonheur de ses peuples. Par une raison d'état , conforme à toutes les inductions morales , le Monarque est la source de tout le bien qui se fait , tandis que le mal est l'œuvre des délégués de son pouvoir. S'en prendre à sa personne , c'est donc ébranler un principe dont dépend le sort de la société. Aussi , combien il est criminel le député qui a dit insolemment que les Bourbons avaient été reçus par les Français *avec répugnance ! ! !*

Et pour continuer l'application du même principe , l'opposition ne franchit-
elle pas également toutes ses limites , [lorsqu'elle porte atteinte au respect dû
à la religion de l'Etat , déclarée telle par la Charte ? Nous ne parlons ici
que de la religion de l'Etat , parce qu'elle est seule en butte à tous
les traits des ennemis du trône qui , sans doute , la voudrait détruire , pour
détruire, en même-tems, le plus ferme appui de la puissance publique. Ainsi,
l'*Echo du Nord*........ Mais n'anticipons rien , et après ces réflexions succin-
tes sur les droits et sur les devoirs de l'opposition , examinons en peu de
mots , l'esprit et le but de la loi du 17 mars dernier.

C'est une question de haute politique de savoir si la Charte par l'art. 8 a
voulu donner l'indépendance aux journaux , et nous nous garderons bien de
l'aborder : il nous suffit qu'ils aient été et qu'ils soient encore sous une législation spéciale. Celle qui vient d'être abolie , consistait principalemeut dans
la censure préalable. Mais il faut le dire , cette mesure préventive , apparemment d'une très-difficile organisation , et d'une exécution plus difficile encore ,
a mécontenté tout le monde ; elle n'existe plus , et à voir le régime qui lui a
succédé , il nous semble que le législateur a dû d'abord se dire :

« Je veux accorder aux journaux une entière liberté ; ils se plaignent
» de la gêne , de la rigueur , de la partialité , des caprices de la censure
» préalable ; je les en délivrerai , et je les constituerai leurs propres cen-
» seurs. Toutefois , comme ils pourraient abuser de la liberté que je leur
» accorde , j'entends qu'ils soient surveillés. Ils déposeront donc , chaque
» matin , la feuille du jour entre les mains d'un Magistrat qui sera chargé
» de l'examiner. Si ce Magistrat trouve , dans une succession d'articles , la
» preuve que l'esprit du journal est de nature à porter atteinte à la paix
» publique , au respect dû à la religion de l'État , ou aux autres religions
» légalement reconnues en France , à l'autorité du Roi , à la stabilité des
» institutions constitutionnelles , à l'inviolabilité des ventes des domaines
» nationaux , et à la tranquille possession de ces biens ; tous objets placés
» en dehors des agressions même indirectes ; alors , ce Magistrat devra sou-
» mettre à un Magistrat supérieur l'opinion qu'il s'est faite du journal qu'il
» surveille. Ce dernier , à son tour , pourra dénoncer les feuilles à des cen-
» seurs, et ces censeurs, je veux qu'ils soient , par le rang qu'ils occupent ,
» au dessus de tout soupçon d'injustice ou d'influence extérieure. Je les

» prendrai donc, oui, je les prendrai là même où l'honneur, la vie, la
» fortune des citoyens trouvent un refuge ou des juges ; en un mot, ce
» seront les Cours Royales elles-mêmes qui, formées en audience solen-
» nelle, en présence du public, censureront contradictoirement les jour-
» naux qui leur seront dénoncés, et pourront les suspendre. »

Telle a été la pensée du Législateur, car la loi du 17 mars a paru.

Ainsi, Messieurs, aux termes et en vertu de cette loi, vous êtes en ce
moment, moins une Cour de Justice, qu'un Jury solennel qui doit décider
quel est l'esprit des articles ou des passages de l'*Echo du Nord* que nous
vous signalerons, et prononcer ensuite sur la suspension de ce journal.

Du reste, l'*Echo du Nord*, seul, est devant vous. Si l'éditeur est ap-
pelé, ce n'est pas pour se défendre puisqu'il n'est point attaqué, et que
personnellement, il n'est passible d'aucune condamnation, si ce n'est des
dépens.

Maintenant, Messieurs, puisqu'il en est ainsi, souffrez que nous vous
prions de supposer que ces articles et ces passages n'ont pas encore paru,
et que vous devez en permettre ou en interdire l'impression, suivant que
vous les trouverez imbus ou exempts *d'un esprit qui serait de nature à
porter atteinte ou à la paix publique, ou au respect dû à la religion de
l'Etat, ou à l'autorité du Roi.* C'est la situation d'esprit dans laquelle nous
nous sommes placés nous-mêmes, et nous reconnaissons qu'elle nous a gran-
dement aidés dans notre jugement.

Nous ne dirons plus qu'un mot sur la loi du 17 mars. Elle maintient tous
les journaux existans le 1er. janvier 1822 ; le Législateur n'ignorait pourtant
pas que plusieurs d'entr'eux étaient dans des dispositions hostiles contre le
pouvoir Royal. Sans doute il a pensé que son indulgence les désarmerait, et
que ces écrits périodiques se renfermeraient dans les limites d'une opposition légitime ; il s'est donc borné à prendre des précautions contre ceux qui
resteraient ses ennemis ; mais dans ces précautions là mêmes, on admire sa
longanimité : une usine qui nuirait à la salubrité publique, serait prompte-
ment démolie, et vous voyez combien il faut d'épreuves et de preuves avant
de supprimer un journal qui minerait sourdement, chaque jour, les bases de
l'édifice social......

Nous allons discuter les articles et les passages do l'*Echo du Nord* que nous inculpons dans le sens de la loi du 17 mars.

Nous soutenons que leur esprit est de nature à porter atteinte *soit à la paix publique et à l'autorité du Roi, soit au respect dû à la religion de l'Etat.* D'où nous concluons que le journal est infesté de cet esprit. Si l'ordre des dates, dans l'examen de ces articles, n'est pas toujours suivi, c'est qu'il était bon de s'en écarter, afin que l'ordre des idées ne fût pas rompu, et que la défense elle-même eut un champ plus commode pour se développer.

Nous commencerons par l'article n°. 140.....

Il a pour titre : *Bibliographie* ; pour sous-titre : *Tableau politique des règnes de Charles II et de Jacques II, derniers Rois de la maison de Stuart,* par M. Boulay [de la Meurthe], 2 vol. in-8°.

L'article se termine ainsi : « Cet ouvrage a le rare mérite, non-seulement
» d'être écrit avec une grande franchise et une parfaite impartialité , *mais*
» *encore de faire naître dans l'esprit du lecteur attentif et judicieux, une*
» *foule de réflexions piquantes, dont l'auteur a eu le bon esprit de s'abstenir.*

» *Mais,* a-t-il dit à la fin de son avant-propos, *voici un tableau fidèle;*
» *libre à chacun d'en tirer les conséquences qu'il croira les plus justes ; c'est*
» *une chose dont je ne me mets point en peine.* »

A présent, Messieurs, nous vous prions d'être vous-mêmes *attentifs* à la lecture de l'article entier : vous jugerez s'il n'a pas été fait avec l'intention perfide de renfermer, dans une courte notice, tout le poison répandu dans l'ouvrage dont il rend compte. Le voici textuellement.

« Le nouvel ouvrage, récemment imprimé, est un tableau complet de la
» restauration et du Gouvernement des deux derniers Rois de la famille des
» Stuarts, il est divisé en trois parties : La première commence à l'exil de Char-
» les II, et comprend tout son règne.

« On y voit comment ce Prince, bel esprit, mais faux, déloyal, vindicatif et
» méprisable, *qui, rappelé sans le secours d'aucune puissance étrangère, et*
» *par le libre contentement de son peuple, aurait pu faire le bonheur de son*
» *royaume,* y fit renaître le trouble et la confusion, en violant ses promesses,

» en trompant tour à tour les partis , en les aigrissant les uns contre les autres ;
» comment , pour mieux se rendre absolu , il fit périr les meilleurs citoyens ,
» et se mit constamment dans la dépendance de l'étranger , en lui sacrifiant
» pour quelques millions , son honneur et l'intérêt de son peuple.

« La seconde partie renferme le règne de Jacques II jusqu'à son expulsion :
» ce fut un règne de vengeances et de proscriptions, un règne de fanatisme et
» de bigoterie , où tout se conduisait par les conseils des jésuites et des prê-
» tres , auxquels ce Prince s'était livré pour rétablir en Angleterre la religion
» romaine et le despotisme ; ce qui souleva contre lui tous ses sujets , et le fit
» chasser en 1688.

« Les deux premières parties avaient été imprimées en Hollande pendant
» l'éxil de l'auteur , et par une infidélité dont il rend compte dans son avant-
» propos. Depuis son retour en France , il les a revues et corrigées , et y a fait
» des additions importantes.

« Dans la troisième partie, qui est tout-à-fait nouvelle , et qui se termine à la
» mort de Jacques II , on voit comment ce Prince , qui venait d'être dépouillé
» de la couronne d'Angleterre , perdit encore les Royaumes d'Ecosse et d'Ir-
» lande ; comment il échoua dans ses intrigues et ses complots, dans toutes les
» tentatives qu'il fit, de concert avec Louis XIV, pour renverser Guillaume III,
» Prince d'Orange , *que le vœu national avait élevé sur le trône ; comment*
» *sa légitimité fut méprisée de toute l'Europe , et même à la fin de Louis XIV*
» *lui-même* , qui , par le traité de Riswick , reconnut solennellement les droits
» et la possession de Guillaume.

« Le principal objet de l'auteur a été d'expliquer , de la manière la plus
» claire , un des plus grands événemens politiques des tems modernes , la ré-
» volution de 1688 , *qui débarrassa pour toujours l'Angleterre d'une vieille*
» *famille dont les prétentions et les préjugés se trouvaient en opposition directe*
» *avec les lumières et l'état de civilisation de cette nation.* L'auteur n'a rien né-
» gligé pour remplir son but : il a creusé , il a médité profondément son sujet ;
» les faits et les causes y sont présentés sous leur véritable point de vue ; tout y
» est lié , tout y marche et s'y développe avec autant de netteté que de pré-
» cision , et avec un intérêt toujours croissant.

« Cet ouvrage a le rare mérite, non-seulement d'être écrit avec une grande
» franchise et une parfaite impartialité, *mais encore de faire naître dans l'es-*
» *prit du lecteur attentif et judicieux, une foule de réflexions piquantes,*
» *dont l'auteur a eu le bon esprit de s'abstenir.*

« *Voici*, a-t-il dit, à la fin de son avant propos, *voici un tableau fidèle ; li-*
» *bre à chacun d'en tirer les conséquences qu'il croira les plus justes ; c'est*
» *une chose dont je ne me mets point en peine,* »

Voilà ce qu'a imprimé l'*Echo du Nord*, et voici mes observations :

Il faudrait ne rien savoir de tout ce qui a été dit, de tout ce qui a été écrit,
pendant 30 ans, contre nos Souverains légitimes, pour ignorer qu'on a com-
paré jusqu'à satiété les infortunes des Bourbons aux infortunes des Stuarts.
Un horrible forfait avait établi une lamentable conformité de malheurs entre ces deux maisons royales, et les bourreaux de Louis XVI se flattaient que
le même attentat déroulerait les mêmes catastrophes. Tout semblait en effet
favoriser ce criminel espoir : déjà nos Princes avaient fui une terre dévorante,
et la France, veuve des Bourbons, était comme ces peuples perdus sans retour de qui les anciens disaient : *les Dieux sont partis*. Combien de fois alors,
et sur-tout après que l'usurpation eut remplacé l'anarchie, n'a-t-on pas prédit que les deux dynasties s'éteindraient de même ; à croire les prophètes de
ces tems-là, c'en était fait pour toujours du trône de St.-Louis, et les derniers rejetons de tant de Rois devaient, ainsi que les derniers Stuarts, montrer au monde la fragilité des grandeurs humaines......

Cependant, voulant mettre un terme à nos malheurs, en exauçant des vœux
désespérés, la providence a, tout-à-coup et miraculeusement démenti ces
vains pronostics; mais loin que les faiseurs de prédictions ayent été confondus,
ils ne voyent, vous le savez, dans la restauration, qu'une grande péripétie
qui n'est qu'une ressemblance de plus entre la destinée des deux illustres familles ; et pour n'en citer qu'un seul, le Marquis de St. Simon, ce zélé disci-
ple de Wiclef, qui, à l'imitation de quelques autres Marquis, s'appelle aujour-
d'hui *Henri St. Simon*, n'a-t-il pas, depuis la seconde restauration, condamné de nouveau la maison de France au sort de la maison d'Angleterre !
n'a-t-il pas dit, du ton d'un inspiré, dans un ouvrage dont tous les journeaux
ont parlé : « Les Bourbons sont ce qu'étaient les Stuarts, une vieille famille;

» comme les Stuarts ils ont des préjugés en opposition avec les lumières de
» leur siècle, et des prétentions inconciliables avec les progrès de la civilisa-
» tion ; leur trône s'écroulera donc comme s'est écroulé le trône des Stuarts....

Vous le voyez , MM, *Henri St. Simon* se défie du jugement de ses
lecteurs : il déduit lui-même de ses principes, *les justes conséquences* dont
Boulay de la Meurthe *ne se met point en peine*, et dont l'*Echo du Nord* le
loue de s'être abstenu. Mais la notice , en s'exprimant ainsi, va-t-elle moins
loin que l'ex-Marquis ? Ici, nous interrogeons la bonne foi , nous demandons
si, après la lecture de cet article, il n'est pas évident que la calomnie a posé les
prémisses , en laissant à la révolte le soin d'en tirer les conséquences.

Vous avez donc , *Echo du Nord* , dit implicitement tout ce qu'*Henri St.
Simon* et tant d'autres ont dit en termes exprès; vous avez donc enveloppé
votre pensée d'un voile si transparent , qu'elle se montre dans toute sa coupable nudité.

Mais puisqu'à votre tour , vous avez établi une similitude de destinées entre
les deux maisons royales, ce que vous avez dit des Stuarts , vous le pensez
des Bourbons. Voyons donc comment vous traitez les descendans de Jacques Ier. , afin que nous jugions comment vous voudriez que l'on traitât les
descendans d'Henri IV. Ce sont là *les réflexions piquantes* dont vous ména-
gez le plaisir *au lecteur attentif et judicieux.*

Nous lisons dans la notice. « Ce Prince, (Charles II), bel esprit, mais
» faux, déloyal, vindicatif et méprisable , qui, rappelé sans le secours d'au-
» cune puissance étrangère, et par le libre consentement de son peuple , au-
» rait pu faire le bonheur de son royaume , etc. etc. etc. »

Ce n'est pas à nous à venger de tant d'outrages la mémoire des infortunés
Stuarts; nous dirons seulement qu'il suffit qu'ils aient succombé, pour qu'on
les poursuive avec cette violence : il est tant d'hommes qui se plaisent à fou-
ler aux pieds la grandeur abatue ! Savons-nous bien d'ailleurs si dans cet
acharnement contre une dynastie malheureuse , il n'entre aucune pensée
criminelle, et pouvons-nous pénétrer dans toutes les profondeurs d'une haine
frénétique ?

Nous livrons, Messieurs, cette réflexion à votre sagacité. Mais ce qui n'est
pas douteux, c'est que la notice veut ramener le lecteur à notre propre his-

toire, quand elle dit: « Ce Prince...... qui rappelé sans le secours d'aucune
» puissance étrangère et par le libre consentement de son peuple, aurait pu
» faire le bonheur de son royaume. »

Eh quoi ! Vous connaissez, *Echo du Nord,* les événemens de la restauration,
et (sous la forme d'un argument de l'école, dont sans doute, vous avez retenu le nom), vous avez l'audace de dire qu'un Prince rappelé avec le
secours d'une puissance étrangère, ne peut faire le bonheur de son peuple !
mais ici, ce n'est plus seulement une tendance à l'attaque, c'est une attaque
directe contre la paix publique et l'autorité du Roi. Avec votre principe
de la souveraineté du peuple, principe qu'exhalent tous vos articles,
nous devinons sans peine ce que vous voulez que l'on fasse d'un Monarque
qui, suivant vous, ne peut pas faire le bonheur de ses sujets, et vous allez,
tout-à-l'heure nous le dire vous-même. Vous prétendez donc qu'on respecte
tous les bouleversemens opérés par des factieux ! Nous vous comprenons :
vous aviez souri aux insurrections de Naples et du Piémont ; vous aviez espé-
ré que l'incendie nous gagnerait, et vous avez maudit l'entremise des puis-
sances étrangères ; vous êtes de ceux qui désiraient que les Autrichiens ne
sortissent pas des Abbruzes. Quel dommage, en effet, que l'Europe ne soit
pas aujourd'hui la proie d'un embrâsement universel !

Oui, Messieurs, la pensée que manifeste l'*Echo du Nord* est des plus cri-
minelles : cette pensée, qui, sans doute est une *des réflexions piquantes* qui
doivent *frapper le lecteur attentif et judicieux*, ne tend à rien moins qu'à
désespérer tous les cœurs fidèles, qu'à flétrir le présent, qu'à faire redouter
l'avenir ; mais de plus, elle est d'une fausseté palpable, et l'expérience lui
donne un démenti formel : les français, depuis long-tems courbés sous un
sceptre de fer, soupiraient après des institutions qui les garantissent des abus
du pouvoir, et le Roi, en s'asseyant sur le trône de ses ancêtres, nous a donné
la Charte ; nos fils, avant qu'ils fussent adultes, étaient arrachés des bras de
leurs mères, pour être immolés sur des champs de carnage à l'insatiable am-
bition d'un despote, et cette large et profonde effusion de sang humain, a
cessé depuis que les Bourbons ont recouvré leur glorieux héritage. Toutes les
sources de prospérités étaient taries ; l'épouvantable équipée des cent jours
nous avait imposé des tributs ruineux, et déjà le gouvernement du Roi a ré-
paré une partie de ces maux qu'il n'avait point faits ; toutes les sortes de pro-

priétés, toutes les sortes de libertés sont sous la protection de la loi, et l'*Echo du Nord* peut-il en douter lui-même, lorsqu'il voit cette imposante assemblée de Magistrats solennellement réunis, non pas pour enlever l'opprimé des mains de l'oppresseur, ou pour rendre à l'orphelin le toit paternel, ou pour remettre la jeune Vierge dans les bras de sa mère, ou enfin pour donner un nom, une famille et des droits à l'enfant délaissé, mais pour décider, uniquement décider si l'*Echo du Nord* cessera de paraître pendant un mois !

Lequel à votre avis, Messieurs, est le plus étonnant ou de l'endurcissement et de l'injustice de certaines âmes, ou du scrupule avec lequel les concessions faites sont respectées ?

Et c'est l'*Echo du Nord*, l'objet de tant de précautions pour le préserver de tout arbitraire, qui ose dire que le Roi ne peut pas faire le bonheur de son peuple !

Ah ! si cette source féconde de félicité publique est quelquefois troublée, c'est que des méchans l'altèrent, c'est que des pervers la corrompent, c'est que surtout des écrivains perfides l'empoisonnent dans son cours. Et quel bien eux-mêmes font-ils au pays, et de quelle utilité sont-ils dans l'Etat ! Avec leurs feuilles, ils sont devenus tout-à-coup une puissance ! Mais l'on dirait que le génie du mal leur a donné la fatale mission d'attiser les haines; de réveiller des regrets assoupis, d'aigrir les ressentimens, de soulever les esprits, d'ébranler les bases de l'ordre social, et de combattre toutes les vérités et toutes les affections chères au cœur de l'homme. Qu'ils nous disent donc, ces moralistes d'une espèce si nouvelle, quelle est la vertu qu'ils préconisent, quelles sont les doctrines qu'ils adoptent, les croyances qu'ils respectent, les principes qu'ils admettent. Quand ils attaquent tout ce qui existe, l'on a bien le droit de leur demander ce qu'ils mettront à la place ; et c'est lorsqu'ils troublent à la fois et le monde moral et le monde politique, c'est lorsque le bien se fait sans eux et malgré eux, qu'ils viennent impudemment vous dire que le bien ne se fait pas, et qu'il ne peut se faire !

Mais poursuivons notre pénible tâche.

L'*Echo du Nord* dit encore que dans l'ouvrage de Boulay (de la Meurthe), l'on voit *comment la légitimité de Jacques II fut méprisée de toute l'Europe, et même à la fin de Louis XIV lui-même* qui, par le traité de Riswick, reconnut solennellement les droits et la possession de Guillaume..... élevé sur le trône par le vœu national.....

Non , il n'est pas vrai, il ne peut pas être vrai que tous les Souverains de l'Europe ayent *méprisé* dans un Roi malheureux le principe par lequel ils régnaient eux-mêmes. Mais c'était pour l'*Echo du Nord* une occasion d'outrager une loi fondamentale qu'il déteste , il l'a saisie.

Ouvrons les Annales de ces tems là, nous y verrons qu'après de longs efforts faits en sa faveur, la légitimité succomba dans une de ces luttes violentes où la fortune prononce sans écouter le droit. La légitimité ressemble à ces monumens devant lesquels vingt siècles passent sans les altérer; il survient tout-à-coup un tremblement de terre qui les renverse; mais, excepté les barbares, nul n'insulte leurs débris , et c'est encore sur leurs bases, restées inébranlables , qu'on élève un nouvel édifice : demandez aux Anglais si Georges IV descendant de Guillaume III , n'est pas leur *légitime souverain.*

Ainsi marchent et s'avancent à travers les âges toutes les sociétés humaines; les convultions politiques, aussi bien que les convultions de la Nature , ne sont que d'affreux désordres, et l'*Echo du Nord*, en repoussant la légitimité, en donnant pour principe d'ordre social la souveraineté du peuple, est comme un homme qui fonderait la stabilité des cités sur les bouleversemens du globe.

Au reste, ce journal est conséquent à lui-même : tout ce qui dure lui déplaît: il a surtout une grande haine contre les antiques dynasties , et c'est apparemment pour qu'on n'en voie plus sur aucun trône, qu'il ne veut point de la légitimité. Il a raison ; c'est le moyen de renouveler sans cesse toutes les maisons régnantes, et si son vœu s'accomplissait, ni lui, ni le prophète *Henri St. Simon* ne diraient plus d'aucune race Royale ce qu'il dit des Stuarts ; « l'Angle - » terre fut pour toujours débarrassée d'*une vieille famille* dont les prétentions » et les préjugés se trouvaient en opposition directe avec les lumières et l'état » de civilisation de cette nation. »

Maintenant , Messieurs, vous qui avez aussi, comme esprits *attentifs et judicieux*, *des réflexions piquantes à faire et de justes conséquences à tirer;* vous voyez à quoi tient la couronne des Bourbons : ils ont le droit pour eux, mais le droit est chose méprisable et méprisée ; ils sont la plus ancienne maison de l'Europe; cette dynastie doit être détronée la première. Oui vraiment avec un peu de jugement et d'attention, l'on comprend sans peine tout ce que l'*Echo du Nord* veut nous faire entendre.

Nous vous demandons à présent, Messieurs, si l'article que nous venons d'examiner est dans les limites d'une opposition légitime; nous vous demandons si l'esprit de cet article, n'est pas de nature à porter atteinte à la paix publique et à l'autorité du Roi. Quant à nous, à mesure que nous en faisions l'analyse, nous nous reprochions de ne l'avoir pas poursuivi en vertu d'une loi plus sévère.

Nous terminons ici l'examen de l'article 140 pour passer à l'article 161, où la légitimité n'est pas moins attaquée; vous allez, Messieurs, en juger à l'instant.

N°. 161.

ATTILA.

Ici, Messieurs, ce n'est pas d'un ouvrage historique, c'est d'une tragédie que l'*Écho du Nord* rend compte à ses abonnés. Nous ignorons si ces derniers, en lisant le titre, croyaient que la politique trouverait quelque place dans un pareil cadre, nous savons seulement que l'article a failli échapper à notre surveillance. Qu'a de commun, en effet, une production théatrale avec les théories sur les gouvernemens? Est-ce donc dans les ingénieuses fictions de la scène, ou même à leur occasion, qu'il faut chercher quels sont les principes qui doivent régner sur les peuples, et nous a-t-on condamnés à voir, même au milieu des délassemens de l'esprit, reproduire la thèse anarchique de cette souveraineté du peuple bannie par nos lois et par la raison ?

C'est pourtant, Messieurs, ce qu'a fait l'*Écho du Nord* dans sa notice sur la tragédie d'Attila : *Pleno de pectore manat.* Vous allez en juger par le paragraphe suivant :

« Marchant de victoires en victoires, et traînant à sa suite, comme auxi-
» liaires, vingt peuples vaincus, Attila qui s'appelait lui-même le fléau de
» Dieu, est arrivé du fond de l'Asie jusque sur les bords de la Marne. C'est
» delà qu'il menace Lutèce et l'empire naissant de nos belliqueux ancêtres. Il
» sait joindre l'artifice à la force, et profite habillement de la division de ses

» ennemis. Ainsi, il a reçu dans son camp le fils aîné de Clodion *exclu du*
» *trône par la volonté du peuple qui, alors, donnait la couronne, et la don-*
» *nait au plus digne. On n'avait pas encore inventé la légitimité, ni décrété*
» *la loi Salique* ».

En vous rappelant, Messieurs, tout ce que l'*Echo du Nord* dit de cette
vieille famille des Stuarts, si justement *chassée du trône*, *à cause de ses*
prétentions et de ses préjugés en opposition avec les lumières et l'état de civili-
sation de l'Angleterre, n'êtes-vous pas surpris que maintenant ce journal
soit lui-même tellement au dessous de son siècle, qu'il admire les mœurs et
les lois qui régnaient au tems de Mérowé? Cependant n'allez pas l'accuser de
tomber en contradiction; malgré les apparences, il est on ne saurait plus
conséquent à lui-même : ce qu'il approuve dans la révolution de 1688, c'est
le principe auquel il l'attribue; ce qu'il envie au 5e. siècle, c'est ce même
principe, alors érigé, dit-il, en loi fondamentale; en un mot, c'est la souveraineté du peuple. Aussi, remarquez comme il regrette cette heureuse pé-
riode de notre histoire, *où la légitimité*, l'œuvre de nos tems modernes,
n'était pas encore inventée, où les fils aînés de nos Rois étaient exclus par
la volonté du peuple qui alors donnait la couronne, et la donnait au plus digne!
Cette dernière réflexion *si piquante*, n'est là sans doute que pour amener
encore l'une de *ces justes conséquences* dont Boulay (de la Meurthe) *ne se*
met point en peiine.

Mais qui donc a dit à l'*Echo du Nord* que toujours le plus digne était
couronné? Cet avantage d'une royauté décernée par le peuple, est au moins
douteux; les dangers ne le sont pas : les élections, quel qu'en soit l'objet,
n'ont pas le secret de contenter tout le monde, ni d'obtenir l'assentiment
universel; l'*Echo du Nord* ne l'ignore point, et lorsqu'il s'agit d'un trône,
ce mécontentement peut déchirer l'état; l'*Echo du Nord* le reconnaît lui-
même, puisqu'il dit que le fils de Clodion a passé dans le camp d'*Attila* et
que le Roi des Huns, qui sait joindre l'artifice à la force, profite habile-
ment de la division de ses ennemis. . . . . Certes, si telles sont les fatales
conséquences d'un pareil ordre de choses, il faut détester bien cordialement
la couronne héréditaire, pour ne la pas préférer. Mais c'est ainsi que l'*Echo*
du Nord est affecté : le principe de la souveraineté du peuple lui est si cher,
que quelque dommage qu'il en puisse arriver, il veut qu'on y revienne et

qu'on l'adopte ; à ce prix , il consent que le siècle des lumières recule jusqu'aux siècles de barbarie.

Ici , MM. une réflexion subite nous arrête ; nous nous demandons comment il
se fait que nous soyons engagés dans un sujet placé hors de toutes les disputes
comme au dessus de toutes les opinions , et qui doit être sacré pour tous. De quel
droit l'*Echo du Nord*, en proclamant ses préférences pour une doctrine désorga-
nisatrice , et ses répugnances pour un principe tutélaire , nous a-t-il mis dans
l'alternative ou de garder un silence trop circonspect, ou de défendre ce que
nous ne devons que révérer ? Qui lui a permis de découvrir la pierre angu-
laire sur laquelle repose la Monarchie , et d'en désigner une autre ? Qui l'a
chargé de fouiller dans les entrailles de la société , en prétendant qu'il y a
mieux que ce qui est , pour lui donner le mouvement et la vie ? Qu'il pense
là-dessus tout ce qu'il voudra , et qu'il se repaisse à son gré de théories meur-
trières ou absurdes , mais qu'il ne les manifeste point; mais qu'il n'attaque
point l'ordre établi , en préconisant ces dogmes funestes qui préparent les
complots , qui justifient les bouleversemens et légitiment l'usurpation.

Hélas ! nous l'avons connue l'usurpation , et nous l'avons vue triomphante.
L'usurpateur est maintenant couché dans la poussière d'un tombeau. Que la
terre lui soit légère ! mais son hécatombe a précédé ses funérailles , et cet
hécatombe est le sang de deux millions d'hommes ! Nous savons à présent ce
qu'il en coûte aux peuples qui rejètent *l'invention* de la légitimité.

C'est à vous, Messieurs , à juger si , sous une censure préalable , cet article
ne serait pas condamné par le motif que l'esprit dans lequel il est fait, est de
nature à porter atteinte à la paix publique et à l'autorité du Roi.

N°. 171.

En passant à l'article 171 , nous ne changerons point de sujet : c'est encore
de la légitimité qu'il s'agit; voici l'article :

» Recette pour faire un article politique dans le genre du Drapeau blanc
« et de la Quotidiène Lilloise (1). . . . . »

Ne suffit-il pas , Messieurs , de la simple lecture , pour faire apprécier ,
nous ne dirons pas l'indécence , mais l'intention criminelle de cet article.
Il n'est, en apparence , dirigé que contre deux journaux ; mais dans la réalité ,

(1) Il est inutile de l'imprimer.

il a été fait dans le dessein de réunir par une alliance de noms révoltants , ce qu'il y a de plus vil à nos yeux , avec ce qu'il y a de.plus respectable pour nos cœurs. N'oubliez pas les sentimens et les principes de l'*Echo du Nord;* il professe tous les jours dans ses feuilles la haine contre la famille Royale ; tous les jours, il y enseigne le mépris de la légitimité. Jugez donc quel effet a dû produire sur des lecteurs préparés par de telles leçons , cet outrageant assemblage, cette monstrueuse *mixtion de sans-culotte , d'assassins , de buveurs de sang , de légitimité et de Bourbons délayés ensemble !* Est-il donc permis de dégrader ainsi les objets de notre vénération et de notre amour ? Doivent-ils être exposés aux grotesques sarcasmes d'un journal hostile et sans pudeur ? En accordant aux français le droit de publier et de faire imprimer leurs opinions , le législateur-Roi a-t-il octroyé le droit sacrilège de souiller son trône , en y jetant de la boue ?

La Majesté royale , la dignité de la nation , toutes les hautes bienséances sociales , si bien d'accord avec l'urbanité de nos mœurs , prescrivent de ne prononcer le nom du Roi et de son auguste Famille qu'avec respect. Sous les Empereurs romains , parler de leur personne , même pour en dire du bien , était un crime de Lèze-Majesté; il en coûtait la vie. Cette loi était digne des monstres qui l'avaient rendue. Il n'y a pas dix ans qu'en France, l'auteur d'une offense envers le pouvoir, la payait de sa liberté ; et pour l'usurpation , c'était un acte de clémence. Aujourd'hui , sous le gouvernement légitime des Bourbons, la Cour de Douai avertira l'*Echo du Nord* , par une suspension d'un mois , qu'il ne doit plus insulter le Monarque dans ses feuilles, et cet arrêt attestera , tout-à-la-fois , l'indulgence du législateur , l'étendue de nos libertés , et l'indigne usage qu'un français s'en est permis... Nous concluons contre cet article de même que contre les précédens , et nous allons examiner le passage inséré dans la feuille n°. 311. Le voici :

N°. 311.

Une scène de l'époque présente.

« Un quatrième m'assure qu'il vient du midi..... il porte une figure ignoble , » la moustache relevée, des yeux hagards qui ont une expression d'impudence

» féroce, il tient une main sur la hanche, et je lui vois une ceinture qui renferme
» une paire de pistolets doubles , et qui supporte un large damas. Je viens de
» Nismes , me dit-il , je suis des vôtres.........

  « Je fais deux pas en arrière; mais comme je m'aperçois que je me mets
» dans une fausse position , je reviens à l'instant vers l'homme à la ceinture ,
» et je lui tends la main droite , tandis que j'essuye de la gauche la sueur froide
» qui m'est montée au visage à sa vue. Je ne suis pas encore recompensé
» comme il faut , continue le voyageur du Gard; en attendant, prêtez-moi
» cent louis, et vive la bonne cause !

Franc. — » Et quand vous recevez de pareil visiteur , vous prêtez ?

D'Alba. — » Comment si je prête ! et je remercie intérieurement l'em-
» prunteur de sa modération. Enfin tous les jours , je trouve une semblable
» cohorte à percer , pour arriver jusqu'à ma voiture.

Ici l'intention de l'*Echo du Nord* n'est pas moins manifeste que dans les
précédens articles, on voit bien qu'il s'est dit : « Calomnions sans cesse, avilis-
» sons par tous les moyens possibles, la cause de la légitimité, et nos efforts ne
» seront pas tous perdus ; il est tant d'esprits frivoles qui me croyent sans exa-
» men, tant de méchans qui feignent de me croire. Les premiers sont faits pour
» être mes dupes , les derniers comptent sur mon assistance , ne trompons ni
» la destinée de ceux-là , ni les espérances de ceux-ci.... » Là dessus il écrit
un article qu'il lui plaît d'intituler : *Une scène de l'époque présente.* Nous
ferons grâce à la Cour d'une critique qui tomberait sur la difformité, sur
la fausseté de ce prétendu tableau des mœurs actuelles; il ne s'agit pas ici de
la justesse des observations du moraliste, et nous pensons que c'est aussi ce
dont l'*Echo du Nord* s'occupe le moins ; il n'a d'autre souci que pour trouver
quelques traits tant bien que mal aiguisés à lancer contre le gouvernement du
Roi, et quand il croit y être parvenu , son but est atteint. Voilà , Messieurs,
l'idée que font naître les outrageantes allusions contenues dans les passages
qui sont sous vos yeux. Mais puisque l'*Echo du Nord* aime à peindre , qu'il
choisisse donc, pour ses pinceaux , les hommes qui suivent ses opinions et ses
doctrines ; qu'il soit, s'il le peut, peintre fidèle , et nous verrons si leurs traits
respirent la paix de la conscience , l'amour de l'ordre et l'horreur du parjure.

3

C'est à ces caractères que les royalistes se reconnaissent; ils n'ont pas à réclamer *le prix du sang*, si ce n'est de celui qu'ils ont versé pour leur pays ; ils ne veulent, pour défendre *la bonne cause*, que des cœurs droits et des mains pures, *et l'on n'est pas des leurs*, à moins qu'on ne haïsse le crime et qu'on ne chérisse la vertu. Si l'homme au regard féroce s'est dirigé vers eux, c'est qu'il a pris un camp pour un autre.

Nous l'avons déjà dit : ce passage, où l'on fait récompenser un vil assassin par les français fidèles, par les défenseurs du trône, a pour objet évident de verser sur la cause qu'ils ont embrassée, toute l'horreur qu'inspirent les factieux qu'ils combattent, et la Cour ne balancera pas à prononcer sur l'esprit qui l'a dicté.

Viennent maintenant les passages des feuilles 265 et 277 ; nous les réunissons parce que l'un fait suite à l'autre. Le Ier. passage est ainsi conçu :

« J'ai peine à croire tout ce que vous me dites, répliqua l'homme d'outre-
» mer, en voyant le tableau de M. Vernet ; si vous respectez tant les beaux-
» arts, pourquoi avez vous mutilé ce bel ouvrage, *en plaquant une couche de*
» *couleur sale sur cette cocarde que j'ai vue tricolore, le premier jour de*
» *l'exposition ?* »

Cette feuille a paru le 25 septembre dernier, et la date n'est pas indifférente : le procès de la conspiration de la Rochelle et celui de Berton venaient d'être jugé, de Berton qui portant la *cocarde tricolore*, arborant *le drapeau tricolore*, avait tenté, les armes à la main, de soulever contre le Roi, des populations entières. Tous les faits, toutes les circonstances de cette criminelle échauffourée étaient alors publics; et l'*Echo du Nord* ne prétendra pas qu'il les ignorait. Il ne connaissait pas moins les détails de l'affaire de la Rochelle; il avait lu sans doute, avec toute la France, le plaidoyer de ce Magistrat qui dans un tableau d'une effrayante vérité, montrait les conspirateurs le poignard à la main, et *la cocarde tricolore* à leur schakos. l'*Echo du Nord* sait d'ailleurs qu'une législation expresse a proscrit les trois couleurs. Les trois couleurs sont donc dans le sens légal, comme dans le sens moral, comme dans le fait, les insignes de la révolte; les arborer est donc un crime, les appeler publiquement, est donc provoquer au crime, et de plus, révéler les vœux que le cœur recèle.

Mais que serait-ce donc, si la manifestation de ces coupables vœux, au milieu de tant de circonstances aggravantes , était encore accompagnée d'outrages envers les emblêmes et les bannières du Gouvernement établi ? Certes , si dans un tableau qui représenterait la religion Chrétienne montant sur le trône avec Constantin , quelqu'un insultait au monograme dont le *labarum* serait orné , pourrait-on douter de sa haine contre le christianisme ?

Voilà pourtant ce qu'a fait l'*Echo du Nord*, et son indignation de ce qu'on a mutilé, dit-il, un beau tableau , n'abuse personne. Nous ajouterons , sans rien hasarder , qu'il espérait bien que nul ne prendrait le change ; son but aurait été manqué : c'était des regrets pour les couleurs de l'usurpation qu'il voulait exhaler ; c'était un outrage envers les couleurs de la légitimité dont il voulait se donner le criminel plaisir. Concevrait-on en effet qu'un tableau fût endommagé le moins du monde par un changement presqu'imperceptible que l'œil cherche long-tems avant de le découvrir ?

Ainsi l'intention est évidente , et s'il restait quelques doutes ; la feuille n°. 277 acheverait de les dissiper. Voici ce qu'on y trouve :

« On sait que vous n'aimez pas la couleur sale , prouvez qu'une couleur » bleue , uniforme , trop prononcée , n'a pas non plus le mérite de vous » plaire. »

Ici , ce n'est pas de la couleur blanche , c'est de la couleur *bleu de roi* qu'il s'agit. Un aussi pitoyable jeu de mots inspire sans doute le mépris , mais ce n'est pas par ce sentiment qu'il le faut apprécier : pour un journal tel que l'*Echo du Nord*, c'est une fortune de trouver une de ces expressions à double sens qui cachent et qui découvrent la pensée , qui permettent de dire au lecteur qui sourit : *vous m'avez deviné* ; à la Justice qui interroge : *vous ne m'avez pas compris*. Oui , Messieurs , vous comprenez , et de reste , l'*Echo du Nord* ; vous voyez que ce sont toujours les mêmes idées , la même haine , la même hostilité. Le bleu de roi , pas plus que la fleur de lys , n'a *l'heur* de lui plaire. Pour flatter ses regards , il faut leur offrir les couleurs que Berton déployait , et celles que les conspirations de la Rochelle et de Béfort voulaient arborer. Mais puisqu'il en est ainsi , l'*Echo du Nord* est donc dans les mêmes voies ; il le sait mieux que personne : nous n'en sommes pas seulement à décider , par ce qui plaît aux yeux , quel drapeau flottera sur la coupole des Thuilleries , comment nos vaisseaux seront pavoisés , quel étendard nos guerriers porteront ; la question est bien plus profonde : les factieux , les révolutionnaires , les conspirateurs s'agitent , et leurs enseignes sont celles des Marseillais au 10 août. Le Gouvernement les surveille , l'armée les méprise, les bons citoyens les repoussent , les Magistrats les punissent , et leur couleur , commune à tous , est celle du panache du grand Henri. Chacun a fait son choix ; l'*Echo du Nord* a fait aussi le sien ; mais qu'il s'observe , car nous le suivons des yeux , et la Cour sait atteindre les coupables... Nous répétons nos conclusions premières contre les passages extraits des feuilles n°s. 265 et 277.

Puisque vous connaissez si bien , Messieurs , l'aversion que le drapeau Royal inspire à l'*Echo du Nord* , vous ne serez point surpris de lire dans la feuille n°. 326 , les passages suivants : « vous , hommes à circonstances , » chargés de manifester au spectacle l'opinion publique , en vociférant le » cantique obligé............ et vous encore Anacréons de tabagie , quand après » vous être gorgés de bierre, et de fumée de tabac; quand vos poumons souf- » friront des efforts occasionnés par *vos* chants monarchiques, prenez du » syrop de M. d'Héré-Dourlen. »

Remarquez , Messieurs , que tout se lie et s'enchaîne dans les feuilles de l'*Echo du Nord* , et qu'il est constamment d'accord avec lui-même : ainsi , de tous les principes sociaux, celui qu'il repousse le plus fortement, c'est la légitimité , et par un retour bien naturel , il n'en est aucun qui lui soit plus cher que l'usurpation : il est comme un homme qui ayant à jamais abjuré la probité , voudrait qu'on fît revivre la loi de Lycurgue qui permet-tait le larcin. De sa haine pour le principe monarchique , jaillissent toutes ses attaques et toutes ses insultes contre le Monarque. I s'efforce d'avilir ce qu'il y a de plus sacré, et de souiller ce qu'il y a de plus pur. Le lys même ne trouve point grâce auprès de lui : cette fleur est *sale* à ses yeux. Faut-il , après cela , s'étonner que ses oreilles soient blessées par les cou-plets qui expriment notre amour pour les descendans d'Henri IV , et qu'il déteste *nos* chants monarchiques, car il le dit lui-même : *nos* chants monar-chiques : mais alors il avoue qu'ils ne sont pas les *siens*. Est-ce donc qu'il regretterait ces chants barbares , ces accens farouches qui préludèrent à la chûte du trône de St. Louis , et aux massacres de septembre ? Voudrait-il que nos cités retentissent encore de cet odieux et vil refrein dont la *tragala* est l'atroce traduction ?

Vous jugerez, Messieurs, que cette citation n'aurait jamais dû voir le jour, et qu'elle aide à fournir la succession d'articles que la loi du 17 mars exige, pour suspendre un journal.

Nous allons examiner dans la feuille n.° 300, l'article que nous inculpons.

Il en est relatif à la manière dont plusieurs journaux ont annoncé la saisie d'une caisse de poignards, et voici ce qu'il dit lui-même : (1)

N.° 300.

D'après tout ce qui précède il était tout simple que l'*Echo du Nord* parlât de cette saisie avec des ris moqueurs. Mais qui n'en serait indigné ? Eh quoi ! C'est lorsqu'il est juridiquement prouvé qu'il existe une vaste conspiration dont les complices sont tous armés d'un poignard ; c'est lorsque des Magistrats courageux et des soldats fidèles sont menacés ou frappés de coups de poignard ; lorsque des lettres anonymes à l'adresse de jurés en fonctions, portent des signes symboliques dans lesquels figure un poignard ; lorsqu'un comité organisé par le crime et pour le crime , animé du zèle du prosélitisme, met dans la main de ses néophites un poignard ; c'est au milieu de toutes ces circonstances que l'*Echo du Nord* trouve qu'une introduction clandestine de poignards, est un de ces faits indifférens dont il ne faudrait pas même parler ! Mais l'*Echo du Nord* (que nous continuons à personnifier) est loin sans doute de renoncer à l'honneur, et pourtant le poignard est l'arme du lâche ! mais sans doute son cœur abhorre le crime, et pourtant le poignard est l'arme de l'assassin ! comment ! ce journal qui, apparemment pour éclairer le public, laisse tomber chaque matin, comme du haut d'une chaire enseignante, ses opinions et ses doctrines, ne soulève pas toutes les âmes d'indignation et d'horreur ! Il souffre , sans les couvrir d'opprobre, que des pervers cherchent à dégrader le beau caractère de la nation, en rendant qu'on nous passe le terme) , en rendant indigène l'arme de la scélé-

---

ratesse et de la trahison ! cependant il sait que quelques soldats français, indignes
de servir le Roi et la patrie , on échangé leur noble épée pour l'arme infâme
du brigand des Appennins ! mais rien de tout cela ne le touche , et vous allez
juger avec quel imperturbable stoïcisme l'*Echo du Nord* parle de la caisse de
poignards et des poignards eux-mêmes !

« Avant , dit-il , qu'on s'effraie , il aurait fallu du moins expliquer le sens
» de ces *terribles* emblèmes , car les gens les plus disposés à avoir peur, ne
» peuvent s'effrayer sur parole , et avant qu'on leur ait fait saisir le rapport
» qui existe entre une épée et un masque , une urne et une béquille , une
» étoile et une faulx. » . . . . . Et comme l'*Echo du Nord* est dans une profonde
sécurité, nous avons le droit de conclure qu'il est aussi du nombre des personnes qui veulent une explication avant de s'épouvanter. Mais , Messieurs, que
penseriez-vous d'un homme qui ayant des motifs pour feindre d'ignorer le
mot de deux énigmes qu'il aurait sous les yeux, mêlerait les vers de ces deux
énigmes les uns dans les autres et qui après cette confusion s'écrierait : *Vous*
voyez bien que ces énigmes sont inexplicables ? Vous diriez tous qu'il les a de-
vinées. Eh bien ! Voilà précisément ce que fait l'Echo du Nord: l'un de ces
poignards porte sur une face de la lame , une urne , un sceptre renversé , une
épée avec trois étoiles sur la partie supérieure , puis et sur l'autre face, il porte
une horloge de sable , une faulx , un sceptre brisé , une bequille et un masque. Il est évident que chacun de ces côtés présente un emblème séparé et
complet. Or, l'*Echo du Nord* veut qu'on établisse le rapport qui existe entre
l'épée qui appartient au 1er. emblème et le masque qui appartient au second ,
entre l'urne qui appartient au 1er, emblème et la béquille qui appartient au
second , entre l'étoile qui appartient au premier emblème et la faulx qui appartient au second. Notre comparaison du mélange des vers des deux énigmes est
donc de toute justesse , et par suite , notre conséquence restant dans toute sa
force, nous sommes autorisés à conclure que l'*Echo du Nord* a pénétré le sens
des deux emblèmes , et qu'il a des motifs pour le dissimuler. Qu'il ne dise pas
qu'il a pris ces figures au hasard; le hasard n'est pas symétrique à ce point ;
l'intelligence a eu sa part dans la confusion qu'il a faite ; et de bonne foi , à qui
persuadera-t-il, lui qui connaît avec toute la terre, l'histoire de la restauration,
qu'il n'a pas vu dans l'urne, la mort de Buonaparte, dans le sceptre renversé, le
règne de Buonaparte, et dans l'épée surmontée de trois étoiles, l'espérance et le
moyen de relever le sceptre de Buonaparte ? à qui persuadera-t-il qu'il n'a
pas vu dans l'horloge et la faulx, que les jours de la dynastie des Bourbons

sont comptés ; dans le sceptre brisé, qu'ils cesseront pour toujours de régner ; dans la béquille..... Elle seule suffisait à l'*Echo du Nord*, pour qu'il devinât le tout : c'est le signe de la vieillesse , et l'on sait le sort qu'il réserve *aux vicilles familles.*

Quant au masque , signe de la perfidie , nous allons l'expliquer , non pas pour lui, mais pour les âmes honnêtes et simples qui ne soupçonnent pas jusqu'où la haine peut porter l'atrocité de ses calomnies : ce n'était pas assez que la Maison la plus auguste , la plus vertueuse et la plus infortunée de l'univers fût mutilée sous le fer des bourreaux et des assassins , des hommes infâmes ont encore essayé de la noircir de l'un des vices dont leur cœur est souillé....... Hélas ! des sermens solennels avaient été échangés entre le Prince et ses sujets ; de quel côté ont-ils été violés , et depuis quand la victime de la félonie doit- elle être accusée de parjure ?

Croyez , Messieurs , que nous ne continuons pas notre travail sans de grands efforts ; en creusant au fond de tant d'iniquités , il faut que le cœur se brise ; mais nous commanderons à notre douleur, pour remplir jusqu'à la fin le triste devoir qui nous est imposé.

L'*Echo du Nord* a donc fort bien compris toutes les menaces de l'arme sanguinaire dont il parle si légèrement , et puisqu'il les a comprises , d'où lui vient cette froide impassibilité ? Quand le danger est personnel , il est beau de montrer du courage ; mais si le secret d'une action tendante à un bouleversement politique a été surpris , le moins qui se puisse dire de celui qui cherche à donner le change , c'est qu'il le verrait arriver sans regret. La calamité dont le sinistre augure nous est offert , n'est , après tout , ni un tremblement de terre , ni l'éruption d'un volcan ; elle serait l'œuvre réfléchie , méditée des passions humaines. Il est donc des hommes qui songent et travaillent à l'accomplissement de ce fatal présage ; or ces hommes là comptent encore plus sur les poisons de la presse , que sur la pointe acérée des poignards.

L'*Echo du Nord* nous dit d'un ton ironique : » que faut-il penser de cette » conspiration hiéroglyphique, voyageant par le roulage, et venue de l'étranger » en France pour opérer une révolution au moyen de douze lames artistement » travaillées ?

A notre tour, nous dirons : que faut-il penser de la sincérité d'un journal qui tronque et défigure tout ? les feuilles publiques et le Moniteur , après avoir parlé de la saisie, terminent ainsi : *on se demande à qui peuvent être destinés de semblables présens tirés des pays étrangers ?*

Où donc a-t-il vu que l'on craignait que douze lames artistement travaillées n'opérassent une révolution ? a-t-on rien dit qui ressemble à cela ? Une révolution ! nous ne la redoutons pas ; mais les dégrès du trône ont été ensanglantés. Une révolution ! des hommes forcenés recèlent dans leur cœur l'espoir de la faire ; mais s'ils agissent, ils recevront le châtiment de leur forfait; nous en attestons la vigilance et la fermeté du Gouvernement, la fidélité de l'armée, le courage des Magistrats ! Et qu'importe qu'au milieu de ce concert, un petit nombre d'hommes signalent leur haine contre la légitimité, contre les Bourbons, le drapeau des lys et *nos* chants monarchiques !

A croire l'*Echo du Nord*, la première réflexion qui se présente, en voyant *ces poignards si artistement travaillés*, c'est que l'art de dessiner sur les lames d'acier s'est singulièrement perfectionné........ et nous lui répondons : non, il n'est pas vrai que ce soit la première réflexion; ce n'est pas même la dernière, car on ne la fait nullement; nous en appelons au témoignage de tous ceux qui ont lu dans les journaux la saisie de ces poignards. L'*Echo du Nord* lui-même n'y a songé que lorsque, dans l'intention d'abuser les esprits, il a péniblement composé son article qui décèle la contrainte, l'embarras et l'artifice.

Remarquez en effet, Messieurs, comme il s'efforce de ne faire de cette introduction de poignards qu'une misère dont on ne doit pas s'occuper : il en fixe le nombre à douze; mais sait-il ce que la caisse en renfermait ? puis, ces poignards ainsi réduits à douze, ne sont plus que des lames artistement travaillées, enjolivées de dessins et qui n'attestent que les progrès de l'art. Cauteleux Journal, ne croirait-on pas, à vous entendre, qu'il s'agit d'un objet destiné à figurer dans une exposition de l'industrie nationale ?

L'*Echo du Nord* n'est pas de meilleure foi lorsqu'il dit : « Si celui qui » médite un crime s'amusait à faire venir de l'étranger un poignard orné » d'emblèmes, on pourrait être bien tranquille, il aurait eu le tems de la » réflexion, et à coup sûr, le crime ne serait pas commis. »

A ce compte, Messieurs, il n'y a plus de crime accompagné de préméditation, et l'article du code pénal qui prévoit le cas, devrait être effacé ; à ce compte, les peines plus fortes, prononcées à cause de cette circonstance aggravante, sont injustes, et les condamnés sont tous des victimes de l'erreur de la loi et des préventions des Magistrats ; à ce compte, un homme accusé d'assassinat serait déclaré innocent, s'il prouvait qu'il n'a pu devenir coupable qu'à l'aide *d'un poignard enjolivé qu'il se serait amusé à faire venir de l'Etranger par le roulage.* Quelle pitié , et comment l'*Echo du Nord* n'est-il pas honteux de raisonner aussi misérablement ! Il faut qu'il ait, pour le jugement de ses lecteurs , un bien souverain mépris , s'il se flatte de les avoir convaincus.

Il n'a convaincu personne, tout le monde sait comment les passions agissent dans le cœur humain : L'homme emporté par un mouvement de colère, fait de tout un instrument pour frapper, *furor arma ministrat*; mais l'homme qui lentement et froidement combine un forfait, choisit à loisir le tems, la place et le fer homicide.

Ce dernier genre de crime si souvent consigné dans les tristes fastes de la Justice , signale , mais il ne montre pas assez le but d'une introduction de poignards à sinistres emblèmes , et pour l'apercevoir entièrement , il faut admettre, malgré soi, l'existence d'une association organisée contre le Gouvernement légitime et qui arme le bras de Seïdes tout prêts à percer le cœur qui leur sera désigné. Que l'*Echo du Nord* sortant de la voix du mensonge , trouve une autre explication , simple , naturelle, par conséquent satisfaisante; qu'il prouve , en même-tems , notre erreur à l'égard des figures énigmatiques, et trop heureux alors de pouvoir nous ranger à son avis, nous rétracterons les reproches que nous venons de lui adresser ; jusque-là nous dirons hautement que dans tout son article, l'on ne trouve que le regret de voir que d'innocentes lames d'acier, monument précieux des progrès de l'art, ayent été impitoyablement saisies par des Vandales ! Vous le voyez, Messieurs, suivant l'*Echo du Nord*, nous reculons vers la barbarie, parce que la *civilisation* des émules de *Sand* nous fait peur.

Au milieu de tant de discordance entre nous et l'*Echo du Nord*, vous serez sans doute surpris que nous l'approuvions en un point : oui , nous lui accordons *qu'il en est des emblèmes comme du son des cloches que chacun peut expliquer à sa manière.* Ainsi , lorsque toutes les cloches du Royaume annonçaient la naissance du Royal Enfant qui doit essuyer les pleurs de sa mère , tous les français fidèles ont entendu des sons d'alégresse , tandis que les ennemis du trône n'entendaient que des sons d'alarmes , et l'*Echo du Nord*, à son tour , ne voit que des *lames enjolivées*, que des emblèmes insignifians

4

(il n'ose pas dire davantage) , dans ces mêmes poignards dont les menaçans pronostics épouvantent les royalistes. La comparaison est donc de toute justesse , et nous remercions l'*Echo du Nord* de nous l'avoir fournie : il se peut que nous ne l'eussions pas trouvée.

De toutes ces réflexions., Messieurs , nous concluons à bon droit que l'esprit de l'article inséré dans la feuille n°. 300 , est de nature à porter atteinte à la paix publique.

Nous avons terminé l'analyse des articles dans lesquels on trouve un esprit de nature à porter atteinte à la paix publique ou à l'autorité du Roi ; il ne nous reste plus qu'à examiner ceux qui sont dirigés contre la religion. Bien que l'objet de l'attaque soit changé , l'*Echo du Nord* n'a pas changé de tactique : ce sont encore les injustices , les violences., la calomnie qu'il met en œuvre. Affectant un esprit contempteur , il prodigue tour-à-tour , le sarcasme , l'insulte et le blasphême. Ignorant , ou feignant d'ignorer le fond des choses ; il n'est pas une idée fausse qu'il ne veuille inculquer , pas un sentiment coupable qu'il ne veuille inspirer , et dans la surprise qu'il excite , l'on se demande qui le porte à déclarer ainsi tout à la fois la guerre au monde politique et au monde intellectuel. Ah ! sans doute , une sorte d'instinct , (peut-être aussi d'anciens souvenirs) , avertit le méchant que les principes et les sentimens religieux qui calment les orages du cœur , conjurent également les tempêtes qui menacent les sociétés; que les hautes pensées qui nous élèvent vers l'éternelle raison , en retombant ensuite sur la terre , ne règlent que mieux les affaires humaines ; que tout se co-ordonne et s'enchaîne dans les rapports de l'homme avec ses semblables , lorsque le premier anneau est dans le ciel , mais qu'il suffit de l'en arracher , pour produire , dans l'ordre moral , le cahos que le combat des élémens produirait dans l'univers.

Ces réflexions , Messieurs , que la gravité du sujet nous a dictées , formeront un étrange contraste avec la bouffonnerie de l'article dont nous sommes obligés de vous donner lecture. Mais nous laissons volontiers ce dernier genre à l'*Echo du Nord* : qu'il courre tant qu'il voudra , après les succès des Saltimbanques qui s'applaudissent quand ils ont excité le rire de la populace , nous ne le suivrons pas dans cette route.

Voici l'article , feuille n°. 155 , intitulé *le pasteur de la lune.* (1)

---

(1) Cet article est trop long , pour qu'il trouve ici sa place.

La féodalité , qui remonte à ces tems reculés que l'*Echo du Nord* regrette avec amertume, à ces tems où *les fils aînés de nos Rois étaient exclus par la volonté du peuple qui donnait la couronne , et la donnait au plus digne* : la féodalité, dont nous n'avons connu que quelques vestiges qui s'effaçaient tous les jours , a disparu pour jamais. Nous n'examinerons donc pas jusqu'à quel point le tableau qu'on en fait ici, est exact et fidèle. Mais si cet ordre de choses , subissant le sort de toutes les créations humaines , a cessé d'exister , il n'en est pas ainsi des institutions qui sont descendues d'en haut pour unir le ciel à la terre; la Religion demeure. Elle demeure , parce qu'il faut que *les paroles qui ne passeront point*, s'accomplissent , et après toutes les persécutions qu'elle a souffertes; après les massacres de ses Ministres , le pillage et la démolition de ses Temples , elle est aujourd'hui déclarée la Religion de l'Etat, et placée sous la protection des lois fondamentales. Notre devoir comme Magistrat , si bien d'accord avec nos sentimens comme Chrétien, est donc de dénoncer à la Cour les attaques dirigées contre-elle.

Les philosophes de nos jours , éclairés par la haine qu'ils lui ont vouée, ont facilement compris qu'en décriant dans les esprits les membres du Sacerdoce , ils éteindraient dans les cœurs l'amour de la religion; ils ont compris que pour décréditer ce que les prêtres enseignent, il fallait les décréditer eux-mêmes ; et quel moyen plus sûr , pour atteindre ce but , que de prêter aux Ministres des autels, les pensées , les inconséquences, la conduite et les paroles les plus révoltantes. Vous en pouvez juger, Messieurs par le discours immoral et cynique que l'*Echo du Nord* met dans la bouche d'un prétendu pasteur de la lune, (Et nous disons l'*Echo du Nord* parce que , soit qu'il compose ou qu'il compile , nous ne connaissons que lui) ; mais aussi , quel impudent mensonge et quelle inique imputation ! si l'auteur de cet article avait fréquenté nos temples , il aurait su si la chaire Chrétienne retentit des maximes de l'orgueil, et si l'*Echo du Nord* pouvait être juste , il avouerait que dans les tems où toutes les langues étaient muettes , elle seule faisait retentir aux oreilles des hommes puissans, les vérités les plus terribles; s'il pouvait être juste , il dirait que la religion prêche sans cesse l'humilité , et sans doute ce n'est pas aux humbles classes de la société qu'elle s'adresse; s'il pouvait être juste , il reconnaîtrait que la religion défend le faible contre le fort, et qu'elle promet toutes les félicités au pauvre, quand elle ne prononce que des anathèmes contre le riche. Veut-il savoir comment la religion nourrit l'orgueil , qu'il entende le célèbre Evêque de Clermont parlant dans la première assemblée du monde , et faisant courber tous les fronts par ce début sublime : *Dieu seul est grand.*

Telle est cette religion si scandaleusement travestie par l'*Echo du Nord* Nous avons donc le droit de conclure que l'esprit de l'article est de nature à porter atteinte à la religion de l'État.

Il en est de même de l'article et des passages suivans (feuilles 233 et 251). Et pour quel'atteinte soit plus sûre , l'*Echo du Nord* , dans l'article 233 (1) , traite avec beaucoup d'égards le curé qu'il met en scène ; mais en revanche , il en fait un homme simple et faible , qui après avoir appuyé son refus sur les lois de l'église , se retranche , bientôt après , derrière les ordres qu'il a reçus. L'on a beau jeu , quand on fait parler deux personnages sous la forme du dialogue , pour donner à l'un une grande supériorité sur l'autre. D'ordinaire , la demande y est faite pour amener la réponse , et la victoire est assurée d'avance à celui qu'on veut rendre vainqueur. L'*Echo du Nord* qui a largement usé de cet avantage , est donc resté maître du champ de bataille ; mais son triomphe sera-t-il de longue durée ; c'est ce que nous allons voir. Remarquez en passant , l'expression dont ce journal se sert ; il dit : *deux bans furent* RACHETÉS *et l'autre publié.* Pourquoi n'a-t-il pas dit , ainsi qu'il est d'usage , un ban fut publié avec dispense des deux autres ? C'est qu'il lui convenait de présenter ici l'idée d'un trafic : il n'est si peu de chose qui ne soit en aide. Remarquez ensuite qu'il avance que le comédien et la comédienne , futurs époux , *ont été admis au confessionnal et à la Sainte Table* , et ici , l'intention est plus perfide : il veut faire tomber en contradiction les Ministres des Autels qui pour dispenser deux sacremens , ne demandent pas de renonciation au théâtre , et qui bientôt après , pour en administrer un troisième , vont imposer cette condition. Mais , même dans la supposition que cet exemple insigne d'une profonde piété ait été donné par deux personnes dont la profession contraste avec une action si méritoire , l'*Echo du Nord* sait parfaitement qu'un pareil acte prouve, de la part du prêtre , non pas la tolérance , mais l'ignorance de l'état exercé par ces deux personnes ; qu'ainsi , il n'y a pas de contradiction.... Quoiqu'il en ait été, passons au dialogue : Le curé exige la renonciation pleine et sans restriction , ainsi le veulent , dit-il , les lois de l'église. Là-dessus , le

---

(1) L'impression de cet article n'est pas nécessaire.

second interlocuteur s'étonne, et décide que sous un Gouvernement constitutionnel, les lois de l'église doivent être en harmonie , c'est-à-dire , *en conformité* avec les lois de l'Etat, et il en infère que puisque les comédiens sont
mariés à la Mairie , ils doivent être mariés *devant l'autel de leur croyance.*
La conséquence est juste ; il est seulement fâcheux pour le raisonneur que
son principe soit absurde.

Oui son principe est absurde , et le ton affirmatif de nos docteurs n'imposera
pas. Qu'ils nous disent d'abord par quelle raison ils réservent cette conformité de lois aux seuls gouvernemens constitutionnels. Un gouvernement
constitutionnel est un gouvernement réglé par des lois ; le nôtre , pour en
venir à ce que nous sommes, est en partie, réglé par la Charte ; nous disons
en partie , parce qu'il y a en outre d'autres lois fondamentales du Royaume ,
notamment celle que l'Echo du Nord a le plus en horreur. Eh bien ! prétendra t-on que le jour où la Charte a été écrite , l'Eglise a dû déchirer le recueil
de ses lois ? Comment donc la Charte aurait-elle pu suppléer à cette grande
lacune ? Elle ne parle de la religion catholique , que pour la proclamer la religion de l'Etat , et certes , en lui donnant ce titre , elle n'a pas entendu détruire sa législation : c'eut été la détruire elle-même , et c'est pour cela que ses
ennemis le comprennent ainsi ; mais encore faudrait-il ne pas confondre ce
que la nature des choses veut qu'on distingue : l'*Echo du Nord* ressemble à
un homme qui se plaindrait de ce qu'un traité de morale , dans ce qu'il interdit , est plus sévère que le code pénal.

Dans le fait , les lois civiles règlent l'état , les droits et les devoirs du citoyen , et les lois de l'Eglise s'adressent à la conscience du catholique. Par
quelle fatalité une distinction si simple , n'est-elle pas comprise , et sur-tout
par l'*Echo du Nord* ! Lui qui sait si bien ce qui s'est passé , lors du mariage
du comédien et de la comédienne , qui les a suivis des yeux d'abord, au confessionnal , puis à la Ste. Table , il a sans doute aussi entendu publier leur ban ,
et retenu ces paroles , *si quelqu'un connaît quelqu'empêchement canonique :*
il sait donc que l'Eglise à ses règles particulières , ses empêchemens spirituels
qui peuvent être tout autres que les empêchemens civils , et loin de partager
la surprise des ignorans , des esprits irréfléchis ou rebelles , il aurait dû leur
dire , à l'occasion de ce mariage , que l'Eglise a sur les âmes sa juridiction ,
ses lois et ses jugemens qui n'ont rien de commun avec le code civil ; sur-tout

il aurait dû leur dire que notre législation a voulu que l'état du citoyen fût indépendant de ses croyances. N'est-ce pas en effet, dans cette fin, qu'elle en a confié le dépôt à des autorités municipales dont les registres sont les seuls titres qui les constatent ? Ainsi la part est faite aux droits et aux intérêts civils ; mais l'homme n'est pas seulement citoyen, et ses héritages ne sont pas tous sur la terre. La religion vient donc qui lui tend les bras , pour le recevoir dans son sein , et si sa voix qui nous appelle dès notre naissance, est entendue de ceux qui disposent de nous , l'église, pour nous inscrire sur des tables qui seront consultées à leur tour , nous ouvre ses portes avec joie. Elle les ouvre aussi pour bénir l'union conjugale ou pour prier sur un tombeau; mais elle les tient fermées, lorsque ceux qui viennent ou pour qui l'on vient y frapper, sont ou étaient dans un état de contravention à ses lois. Qui pourrait donc blâmer ces réglemens ? Serait-ce ceux qui, tout en les admettant, voudraient qu'on les fît ployer à leur gré? mais leur premier devoir est de s'y soumettre. Serait-ce ceux qui dédaignent et le culte et les dogmes et la discipline de l'Eglise? mais alors ils n'ont que faire de bénédictions qu'ils méprisent et de prières qu'ils repoussent. Pour trouver le motif de tant de murmures et de tant de plaintes , il faut donc l'aller chercher dans des intentions hostiles. Que veut-on ? décrier la religion, exciter les esprits contre-elle, et renouveler, s'il se peut, les scènes scandaleuses et presque sanglantes de Paris. Tel est le but de l'article que nous examinons; revenons au dialogue.

Le médiateur choisi par le comédien et la comédienne , cet homme qui décide et qui tranche les questions qu'il n'entend pas , fait observer au curé que les futurs époux ne peuvent , dès le jour même , renoncer à une profession qui est leur seul moyen d'existence , et il ajoute : *C'est leur état, chacun vit du sien , eux du Théâtre , comme vous de l'Autel.*

Pour faire connaître toute l'indécence de ces paroles que n'excuse pas la réminiscence d'un distique fort connu ; et pour mettre à découvert toute la pensée de l'*Echo du Nord*, il est à propos de lire les passages de l'article intitulé : *une soirée au spectacle*, feuille n°. 25i , et qui sont ainsi conçus : « nécessité des théâtres , partant nécessité des comédiens. Je n'examinerai » point ici le dégré de considération qu'ils doivent obtenir dans le monde , » ni la justice des préjugés qui les atteignent encore selon les lois de l'église » et malgré les lois de l'Etat. Je soutiendrai seulement aux partisans les plus

» zélés de ces préjugés , qu'il faudrait au moins ménager par reconnaissance
» des êtres qui se sacrifient à nos plaisirs ; qu'il faudrait ne pas dégoûter
» les hommes à talent d'un art auquel un peuple entier doit ses plus vives
» jouissances. Les comédiens forment dans l'Etat une classe , une classe
» très-nombreuse même. Il est tant d'espèces de comédiens ! Une seule
» pourtant, et ce n'est point la moins dangereuse, a paru jouir jusqu'ici du
» bénéfice de certaine loi......... toutes devraient ce me semble , y trouver
» la même protection. »

Et plus bas :

« En attendant le lever du rideau , je cherchais à profiter de ma position.....
» Le marguillier , dont l'assiduité au spectacle, les regards foudroyans qu'il
» lance sur le parterre en de certains momens , fait connaître assez le goût
» favori et les opinions , cherchait à me prouver à la fois la nécessité des
» théâtres et celle des séminaires ; l'utilité d'avancer l'heure des offices du
» soir , ou de reculer celle du spectacle »........

De ces trois passages ainsi réunis, nous tirerons deux inductions que l'*Echo
du Nord* ne nous contestera pas. La 1ʳᵉ. est que pour lui les prêtres sont des
comédiens , et des comédiens d'une espèce qui n'est pas la moins dangereuse.
La 2ᵐᵉ. est qu'en attaquant les prêtres , il déclare lui-même attaquer la
religion. En effet nous avons beau parcourir toute notre législation ; nous n'y
voyons pas de disposition qui protège leur personne , tandis que nous trou-
vons facilement *cette certaine loi dont le bénéfice leur est acquis* , et cette loi
est la même que nous invoquons aujourd'hui ; la loi du 17 mars , cette
loi qui , sans parler des ministres des autels , interdit aux journaux un esprit
qui serait de nature à porter atteinte au respect dû à la religion de l'état.
Ainsi l'*Echo du Nord* veut bien qu'on le sache , car il dit : les traits qu'il
lance contre les prêtres , sont dirigés contre la religion elle-même.

Il le nierait en vain ; ne dit-il pas en substance et très-clairement :
« nos Temples sont des salles de spectacle dont les prêtres sont les acteurs.
» Il faut que le clergé s'arrange de manière que ses représentations ne nuisent
» pas à celles du théâtre ; car enfin quelle différence entre un prêtre et un
» comédien ! celui-là est dangereux, et celui-ci n'est qu'utile ; l'un est honoré,
» et l'on ne sait pourquoi ; l'autre est poursuivi par des préjugés , et ces
» préjugés sont injustes , puisqu'il nous procure les plus douces jouissances.

» La protection des lois devrait donc être retirée au premier , pour être
» accordée au second ; il faudrait du moins les mettre tous deux sur la même
» ligne, car à l'église comme au théâtre, tout est illusion, tout est mensonge.»

Si ce ne sont pas là , *Echo du Nord*, vos paroles expresses , c'en est bien
le sens très-exact , et nous vous défions de montrer que notre traduction
n'est pas fidèle. Maintenant , si les fonctions du Sacerdoce ne sont qu'un
vain rôle , si les prêtres ne jouent que des personnages d'emprunt , que de-
viennent , répondez , et le culte et les croyances dont le culte n'est que l'expression ? pourquoi parlez-vous avec un hypocrite respect , du confessionnal
et de la S^{te}. Table , qui ne sont pour vous que des objets de dérision ? pourquoi vous plaignez-vous d'un refus de bénédiction nuptiale ? La religion selon
vous , n'est qu'une jonglerie dangereuse à laquelle on devrait ôter toute
défense , toute considération , toute confiance , et vous avez la maladresse de
vous plaindre amèrement de ce qu'un *bâteleur* n'a pas voulu monter sur ses
trétaux quand votre habile publiciste l'en pressait ! Quelle inconséquence !

La Cour pourrait-elle hésiter dans le jugement qu'elle doit porter sur l'article , feuille 253 , et sur les passages , feuille 251 ? et au lieu de trouver
seulement un esprit de nature à porter atteinte au respect dû à la religion
de l'État , n'y verra-t-elle pas une attaque formelle ?

Reste le passage d'un article , feuille n°. 325 , intitulé : *Petit traité sur les
revenans*. Il est ainsi conçu : « Je commence par les hommes religieux.
» Voici comme je leur prouve l'existence des revenans : Vous croyez tout ce
» que l'écriture affirme, leur dis-je ; vous ne révoquerez jamais en doute la
» source divine du nouveau testament. Ne lit-on pas dans l'Evangile , que
» notre Seigneur J. C. après avoir été mis en croix , étant mort et enseveli ,
» ressuscita le 3°. jour, apparut à Marie-Magdelaine et ensuite à ses disciples;
» leur apparut de nouveau huit jours après ; leur montra ses blessures, les
» fit toucher au doigt à Thomas , ce qui prouve qu'il n'était pas seulement
» ressuscité en esprit , mais encore en chair et en os ; se fit revoir une 3°.
» fois près de la mer de Tibériade , prédit à St. Pierre son martyr et annonça
« une longue vie à St. Jean ? *n'est-il pas clair qu'alors J. C. était un véritable
» revenant ?* »

La Cour n'attend pas de nous , à l'occasion de cet article, une apologie
de la religion chrétienne , ou une démonstration évangélique; indépendam-

ment des talens qu'il nous faudrait avoir pour une semblable tâche , et qui nous manquent , nous nous écarterions de nos fonctions et de notre but. Heureusement , nos devoirs sont plus simples et plus faciles : il s'agit de faire voir que l'esprit de cet article est de nature à porter atteinte au respect dû à la religion de l'État. Or, respecte-t-on cette religion, si solennellement con- sacrée , ou plutôt ne l'outrage-t-on pas , et avec elle toutes les religions chré- tiennes ; quand on compare à des préjugés populaires , le miracle de la ré- surrection , fondement du christianisme , quand on assimile le Christ sortant du tombeau par sa propre vertu, à ces apparitions fantastiques auxquelles le vulgaire le plus ignorant croit à peine ? ne l'attaque-t-on pas , quand on fait entendre que le Sauveur du monde, en se montrant , après sa mort , à ses disciples , fut à leurs yeux comme un de ces fantômes, enfans de la peur ou d'une imagination malade ? Ses disciples avaient-ils oublié que la résurrec- tion de leur maître, si souvent prédite par lui , devait être l'éclatant témoi- gnage de son origine toute céleste et de sa mission toute divine ? n'attendaient- ils pas avec une inquiétude mêlée d'espérance et de foi, l'accomplissement de cette promesse qui devait décider si Jésus-Christ était le fils de Dieu ? leur langage fut-il celui que tiendraient des hommes frappés tout-à-coup et simul- tanément par une apparition mensongère ? non ; ils s'écrient avec des trans- ports de joie : Jésus est l'envoyé du Très-haut ; il est le Messie tant de fois promis aux Patriarches , car il a vaincu la mort , car il est ressuscité ! Voilà ce que les chrétiens savent , et ce qu'ils répondent à la sacrilège question qui leur est faite.

Ce qu'ils répondent encore , c'est que tout Jérusalem savait que Jésus- Christ avait annoncé qu'il ressusciterait ; c'est que les Pharisiens et les Doc- teurs dont il avait si souvent humilié l'orgueil et le vain savoir , afin d'em- pêcher ses disciples d'enlever son corps et de faire croire à sa résurrection, mi- rent eux-mêmes des soldats à l'entrée du Sépulchre. Vaine précaution, sans doute ! mesures impuissantes ! placez donc des gardes aux portes de l'Orient, pour empêcher le soleil de s'élever dans les cieux ! mais enfin, nous le deman- dons , non pas à la foi chrétienne , mais à la droiture de cœur : les juifs auraient-ils pris de semblables précautions , si dans leur pensée , elles avaient eu pour objet de prévenir la vision fantastique d'une ombre impalpable ? Dans l'idée qu'on attache à cette chose que l'on appelle *revenant* , la garde des tombeaux est-elle un moyen de l'empêcher d'apparaître ?

Voilà ce que les hommes religieux qui ne prétendent pas à la science , répondent à l'*Echo du Nord.* Mais qui est-il , pour les interroger ? De quel droit vient-il , par ses impiétés , contrister les âmes pieuses , et nous forcer par ses blasphêmes , à bégayer une défense imparfaite en faveur de la religion de nos pères ? Il la tient , a-t-il dit , pour un spectacle dont les prêtres sont les dangereux acteurs ; ainsi Bossuet , et Fénélon ne sont, à ses yeux, que des imposteurs habiles. Ministres de la religion , consolez-vous des mépris que vous partagez avec des hommes couronnés d'une gloire immortelle. Et vous , âmes chrétiennes, si , du sentier que vous suivez , vous apercevez dans d'autres voies , bien différentes , des hommes qui vous injurient , qui vous insultent et qui haïssent en vous l'objet de votre culte et de votre foi , réjouissez vous : leur approbation vous serait un sujet de reproche , leur es - time vous inquiéterait , et leur affection vous ferait peur : qu'y a t'il entre vous et eux ? vos principes ont produit Vincent de Paule , et leurs doctrines ont produit Marat.

Malheur à celui qui s'est détaché de toutes les vérités sociales ! Il erre encore , mais comme une ombre , au sein de nos cités ; nos solennités , nos fêtes , nos joies et jusques à nos douleurs , qu'il est si doux de mettre en commun , tout lui est étranger. S'il passe devant un Temple ou devant un Palais dont la foule inonde les portiques , il précipite sa marche , en baissant les yeux : il a renié ou maudit dans son cœur ce que tous les cœurs adorent eu révèrent. Dans son affreux isolement , les prospérités publiques le consternent , les belles actions l'affligent , les sentimens généreux l'irritent ; son âme n'est agitée que par des mouvemens de haine, de jalousie, de vengeance ; il a comme un besoin insatiable de destruction. Si les lois l'avaient réduit à cet état si misérable , elles seraient trop cruelles ; mais le voilà tel qu'il s'est fait lui-même. . . . .

Nous concluons pour le douzième et dernier article , ce que nous avons conclu pour les trois qui précèdent : l'esprit en est de nature à porter atteinte au respect dû à la religion de l'État.

Nous sommes enfin arrivés au bout de notre course , et de ce terme après lequel nous aspirions , jetant les yeux sur tous les points que nous avons parcourus , nous n'en apercevons aucun qui ne dépose contre l'*Echo du Nord* , et qui ne le condamne. La haine profonde qu'il nourrit contre la légitimité et qui le rend ennemi de la paix publique ; la violente aversion qu'il a conçue contre le christianisme , et particulièrement contre la religion de l'État , se signalent au dehors par des couleurs dont les moins prononcées sont encore visibles aux yeux les moins clairvoyans. Il n'est pas un des articles dont nous avons fait l'analyse , qui ne manifeste ces sentimens criminels , et peut-être il en est plusieurs qui ont assez le caractère d'une aggression positive, pour que nous eussions dû invoquer contr'eux la loi qui punit les attaques formelles. Mais le succès des poursuites que nous avons intentées n'en est que plus certain ; tout ce que nous avions à établir , c'est qu'il résulte *d'une succession d'articles que l'esprit de l'Echo du Nord est de nature à porter atteinte à la paix publique ou au respect dû à la religion de l'Etat ou à l'autorité du Roi,* et si nous avons trouvé plus que nous ne cherchions , la Cour n'oubliera pas que l'adage : *nihil probat, qui probat nimis ,* est loin de trouver ici son application.

Nous nous reposons donc avec confiance sur la justice éclairée des Magistrats qui nous entendent. Leur esprit et leur conscience nous ont compris. Ils voient les criminels efforts d'une secte ennemie de tous les principes moraux et politiques , qui , apparemment pour relever le culte de la raison , et ramener les saturnales de 93 , voudrait entraîner tout un peuple dans les sombres labyrinthes d'une philosophie mensongère , et rouvrir l'abyme des révolutions. La Cour ne souffrira pas qu'on aide , sous ses yeux , à ces affreux bouleversemens ; elle vengera le Département du Nord , si fidèle à Dieu et au Roi , de l'outrage que lui fait un journal qui ose , par son titre même , se déclarer l'interprète d'un pays dont il est le scandale. Le tems est venu pour la Cour de le démentir avec éclat , et de lui prouver , par un arrêt dont la sévérité n'aura d'autre borne que celle de la loi , qu'elle le juge animé d'un esprit perturbateur , impie et révolutionnaire. Il est déjà assez triste de penser qu'une feuille aussi coupable sera seulement suspendue pendant un mois , et que l'éditeur ne puisse encourir qu'une condamnation de dépens ; mais dans l'impuissance où nous sommes de demander davantage à la Cour , c'est à quoi nous concluons. En conséquence , nous requérons que la Cour faisant droit sur l'opposition de Jacques-Vincent-Joseph Leleux , l'en déboute , ordonne que l'arrêt rendu par défaut sortira son plein et entier effet , et condamne l'opposant à tous les dépens.

Le

Le 10 janvier 1823, LA COUR ROYALE, faisant droit sur c es conclusions, a ordonné que le journal intitulé l'*Echo du Nord* serait suspendu pendant un mois , et a condamné l'éditeur aux dépens.

A DOUAI, de l'Imprimerie de WAGREZ aîné , imprimeur de la Cour royale.
(Janvier 1823.)

www.ingramcontent.com/pod-product-compliance
Lightning Source LLC
Chambersburg PA
CBHW060510210326
41520CB00015B/4169